सफर ए मोहब्बत

HIMANSHU
MISHRA

ISBN 979-8-88959-646-2

अंतर्वस्तु

1. माँ! तू छोड़ कर कभी मत जाना 5

2. रस्म ए मोहब्बत 7

3. उम्मीद 10

4. इंतजार 14

5. अफसाना ए मोहब्बत 15

6. नाकाम मोहब्बत 19

7. किस्सा ए मोहब्बत 21

8. जुदाई 24

9. पुरानी यादो की थकन 26

10. दर्द 30

11. वादा ए मुहब्बत 32

12. मरहला 34

13. चुप्पी 36

14. शुक्रिया 37

15. जुनून ए मुहब्बत 40

16. एहतराम ए मोहब्बत 42

माँ! तू छोड़ कर कभी मत जाना

माँ! तू छोड़ कर कभी मत जाना
ये दुनिया बिलकुल भी वैसी नहीं है
जैसी कहानी सुनाती थी तू

मैंने देखा है भाई को भाई से लड़ते
सरेआम बहेनो का वजूद मिटते
बेख़ौफ़ घूमते दरिंदे हर चौराहे पे देखे है
जमीर तो यु मानो माँ! कौड़ियों में बिक रहे है

इन्साफ अब यहां वैसा नहीं होता
अगर उसकी जेब में पैसा नहीं होता
एक वाकये ने रात भर सोने नहीं दिया
भूखा बिलखता बच्चा माँ के पहलू में मर गया

अब साथ कोई किसी का बेवजह नहीं देता
कोई हाल पूछने दरवाजे पे नहीं आता
इंसान ही इंसान को खाने पे तुल गया है
पैसो की भूख में वो जानवर सा दिखता है

मै डर जाता हूँ माँ! जब ये हाल देखता हूँ
तुम्हारी कहानी का हीरो कही से क्यों नहीं आता
माँ! तू छोड़ कर कभी मत जाना

मैंने देखे है सिग्नल पर बच्चो का भविष्य
कपकपाते हुवे होंठो से भीख मांगते हाथ
उन्हें भी मिलती है गालिया सवा लाख

ये देख करके आखे भर सी गयी थी मेरी
बच्चो की रोटियों को माँ जिस्म बेच रही थी
देखा जो कोने में, दिल थम सा गया था मेरा
एक दुधमुहा सा बच्चा, कूड़े में रो रहा था

समझ ये नहीं आता इसे संगदिल कहु या बुजदिल
एक रात का अँधेरा, बेटी से न कट रहा था

माँ! तुम अभी ये इरादा करो
मुझे न छोड़ने का वादा करो
मै डर गया हूँ ये सच्चाई जान कर
ये रिश्ते ये दोस्त ये घराने ये घर
ये सब टिके है तरक्की पे मेरी
माँ तुम छोड़ ना जाना कभी

रस्म ए मोहब्बत

ये भरम अब भी कायम है
तू मुझसे इश्क़ करता है
ये अफसाना मोहब्बत का
ख़त्म करने से डरता है

तेरा महदूद सा रहना   (महदूद=Limited)
नशेमन में मेरे आकर
समझ तो मै भी जाता हूँ
मुझे खोने से डरता है

तेरा मेरा जो रिश्ता है
खुदा की निगेबानी है
तू मुझसे दूर जाता है
मगर भुला न पाता है

कशिश मेरी मोहब्बत की
तेरी साँसों में बसती है
मुताला मुझको करता है   (मुताला=Study)
मगर कहने से डरता है

तेरी आँखे बताती है
काफिला लूटने वाला है
तेरी जीस्त ए बज्म में
नया फनकार आया है

खत भी फाड़ दो मेरे
तनहा छोड दो मुझको
नए फनकार का हर फन
दरों दिल में बसा लो तुम

मगर मेरी किल्क हर शय   (किल्क=Pen)
तेरा लिहाज रखेगी
मुँह अपना बंद रखेगी
मसाइब याद रखेगी

तू वाकिफ ही नहीं उससे
जिसे तू प्यार करता है
वो शक्स जो कहता है
तुझे खोने से डरता है
जिसकी खातिर मेरे दिलबर
रकाबत मुझसे करता है   (रकाबत=Opposition)
उसकी फ़तेह के जानिब
तगाफुल मुझसे करता है

उसकी बज्म ए मोहब्बत में
कोई हर रोज रोया है
कुछ एक के ख्वाब टूटे है
कुछ एक ने खुद को खोया है

ये उसका खुल्क है हर शब   (खुल्क=Habit)
नए गुल को खिलता है
मोहब्बत सबसे करता है
मरासिम भूल जाता है   (मरासिम=Relation)

कही वो दैर बनता है   (दैर=A Sacred place)
कही बरहम बरसता है   (बरहम=Enraged)
कही आलिम बन के वो
सऊद आजमाता है   (सऊद=Fortunate)

ये हसद मेरी मोहब्बत का   (हसद=Jealousy)
हमेशा साथ में होगा
मतला जो भी होगा अब   (मतला=Opening line of gazal)
वो तेरी याद में होगा
ये जो उम्र गुजरेगी
इख्तिलाफ ए मोहब्बत में
न मसला प्यार का होगा
दीदार ए यार का होगा

3

उम्मीद

सहमा हुआ सा बैठा हूँ
मै अपने बंद कमरे में
कि अफसाना मोहब्बत का
ख़तम होने को आया है
रकीब का आना
तेरे पहलू में सर रखना
मशिय्यत (Wish) लौट आने का
फ़ना होने पे आया है

नदामत क्या करू मै अब   (नदामत=Regret)
मुकाबिल किसको समझू मै   (मुकाबिल=Opposite)
क़ि रगबत तेरी यादो का   (रगबत=Affection)
कजा होने पे आया है

बता ए जिन्दगी मुझसे
इन्तहा और क्या लेगी
जो मेरा हो नहीं पाया
उसे मै प्यार करता हूँ

ये जुस्तजू है मेरी
की अब लौट आओ तुम
ये मुसिन जिस्म मेरा   (मुसिन (Old)
फ़र्दा की तीरगी से डरता है   (फ़र्दा की तीरगी=Tomorow's

darkness)

हजारो ख्वाब होने हो
जो चकनाचूर हो जाए
मेरी तस्कीन () के खातिर   (तस्कीन=Satisfaction)
मेरी तक़दीर बन जाओ

गर मस्मार () होगा ये   (मस्मार=Demolish)
तो फिर देखा जायेगा
मेरी तुर्बत, मेरा फाका   (तुर्बत=Grave)
या मेरी खिस्त बन जाओ

ये इल्म है मुझको
मेरे अहबाब बस तुम हो   (अहबाब=Friend)
मेरे हर जर्रे में चुभती
हर एक फांस भी तुम हो
मई सिफर में कही   (सिफर=Nothingness)
खो नहीं जाऊ
मेरे यलगार तक मेरे
नासेह तुम ही बन जाओ   (नासेह=Adviser)

शिकस्ता साल दुनिया ने
बड़ी तौहीन की मेरी
मेरे हकूक में आकर
मेरे परवाज बन जाओ

मै शौरीदा हो गया हूँ   (शौरीदा=Worried)
तुम्हारे छोड़ जाने से
एक वस्ल की फ़तेह तुम   (वस्ल=Union)
मेरे नाम कर जाओ

एक सिफर हूँ मै तुम बिन   (सिफर=Nothing)
ये कैसे तुझे बताऊ
अपनी नायाब मोहब्बत से
शहरयार मुझको बना जाओ   (शहरयार=King)

असरार खोलता हूँ   (असरार=Secrets)
हा! मै ये भी बोलता हूँ
रातो का मेरा इजतिरार   (इजतिरार=Restlessness)
तेरे होने से कायम है
मेरी उश्शाक बन कर तुम   (उश्शाक=Lover)
मेरी फज्र महकाओ

ये दुनिया छोड़ दो अब तुम
हाँ मै भी छोड़ देता हूँ
मेरी नयी हकीकत मेरे ख्वाबो के
मुस्सविर तुम हि बन जाओ   (मुस्सविर=Painter)

अब मरहला है ये
न तुम बिन जी सकूंगा मै
मेरे मक़बूल होने तक
तुम मेरे पास रह जाओ

ये अजल का है जो जलजला   (अजल=Death)
जब तलक रूबरू न हो
तुम मेरे मरकज बन   (मरकज=Centre)
मेरी साँसों को महकाओ

मेरे जज्बात है मौकूफ़
अब बस तेरे होने से
मेरा वाकया जो है
वो है तेरे होने से
ये दुनिया से लड़ूंगा मै
ये दुनिया जीत लूंगा मै
मेरी शमशीर रुकने तक
मेरे मानूस बन जाओ   (मानूस=Familiar)

4

इंतजार

मै ये नहीं कहता
सबसे जुदा हूँ मै
रिश्ता वफ़ा का लेकर
तब तक खड़ा हूँ मै
तुम देख आओ दुनिया
तुम देख आओ सपना
दिल भी कही लगा लो
गर कोई लगे अपना
पर जर्फ़ कोई आये
कोई तुम्हे सताए
कोई तुम रुलाये
बिन बात छोड़ जाए
तो मुड़ के देखना तुम
मै वही खड़ा मिलूंगा
तुम्हारे गम को अपना
मै दर्द बना लूंगा
हर ख़ुशी को तेरी मै
राहो में बिछा दूंगा

यु ही प्यार मै करूँगा
यु ही प्यार मै करूँगा

5

अफसाना ए मोहब्बत

जो ख्वाब टूटे है मयस्सर फिर नहीं होंगे
हमारे पैरो की बेड़िया मरासिम तोड़ डालेंगी   (मरासिम=Relation)

ये जो उन्स बाकी है (उन्स=Infatuation)
तू मुझपे अब भी मरता है
हिज्र में मेरी तरह
मुझे तू याद करता है
ये मोजज़ा होने का भरम   (मोजज़ा=Magic)
एक रोज टूटेगा
अलहदा मोहब्बत का जखम
एक रोज फूटेगा

मै ये नहीं लिखता
बेवफा तुम हि थे हर शब
मोहब्बत में बना रिश्ता
कभी बनकर नहीं मरता

पर इतनी सी ही मुझको
फकत तुमसे शिकायत है
राबता तोड़ कर जाते

हमेशा को चले जाते
तेरा आना चले जाना
फिर आने चले जाने ने
एहतेराम ए मोहब्बत को झिंझोड़ा है
मुझे हर हर्फ़ तोडा है
अकेला मुझको छोड़ा है।

कभी कोई शख्स जो आये
तुम्हे कोई ख्वाब दिखाए
तेरी बेदार दुनिया में   (बेदार=Wakeful)
वसीरत अपनी दे जाए   (वसीरत=Vision)
हो सकता है तुम उसे
अपना पासबान समझ बैठो   (पासबान=Protector)
उसकी बातो पे अक़ीदा   (अक़ीदा=Trust)
मौकूफ़ उसपे हो बैठो   (मौकूफ़=Dependent)
अफ़्सुर्दा तुझको वो देखे   (अफ़्सुर्दा=Depressed)
नशेमन में तेरे आये
अपने अफ़्सूं के लहजे से   (अफ़्सूं=Magic)
मानूस तेरा बन जाए।   (मानूस=Familiar)
मेरी पोसीदा मोहब्बत को
वो तेरा सर्फ़ बतलाये   (सर्फ़=Waste)

मै तुमसे इतना कहता हूँ
समझ सको तो फिर समझो
तेरी सर्द बांहे अब भी
मेरी कफ़स है जानम
तुम ही मेरी अना
मेरी मोहब्बत हो हमदम

मेरी हर परेशानी का
तदबीर भी तुम हो
हर हर्फ़ जो लिखी है
मेरी तकदीर भी तुम हो

बिना दीदार ए तब्बसुम के
अब रहा नहीं जाता
पर हाल ए दिल कहने की मै
हिमाकत कर नहीं पाता

मै ये नहीं कहता मेरी मोहब्बत तहसीन करो
बिछड़ जाओ पर इतना यकीन करो
सैयाद के जुल्मो को सहता रहा हूँ मै
एक तेरी तब्बस्सुम की खातिर
काँटों के पैरहन चलता रहा हूँ मै

मैंने गुमनाम मोहब्बत में
मसाइब बहोत देखे है
मै चल रहा हूँ मगर
मेरे पैरो में छाले है

तेरे एक लम्स की खातिर
बहूत कुछ मैंने छोड़ा है
अपनी मुश्त ए ख़ाक को
अपनी कब्र पर नोचोड़ा है।

मेरी हर बात में तुम हो
मुसलसल रात में तुम हो

तुम मुझको छोड़ दोगे क्या
ये रिश्ता तोड़ दोगे क्या

मै फिर भी चिराग ए मोहब्बत
अपने घर में जलाये रखुगा
वादा रहा ये तुमसे
 यु ही प्यार मै करुगा
यु ही प्यार मै करूँगा

6

नाकाम मोहब्बत

मेरा गुनाह क्या है वो बता
मैंने जो कहा, वो मै जानता हूँ

है ये दिल लगाने की सजा
या प्यार तुझको नहीं हुआ

मत खेल अब मेरे प्यार से
तुझे दूर जाना है तो चली जा

मेरा वादा है तुझसे आखरी
गर ये सितम है, तो सितम सही

मै भी अपनी दुनिया में कही
चाँद तारों को सजाऊंगा

अपने सफर में फिर से मै
एक गुल नया खिलाऊंगा

तुझे भूल के मै फिर से एक
नया जंहा बसाऊंगा

हां! बिछड़ मै तुझसे जाऊंगा
हां! बिछड़ मै तुझसे जाऊंगा

7

किस्सा ए मोहब्बत

कोई शक्स जरूर होगा जिंदगी में तुम्हारी
जो तुम्हे बताता होगा
मेरी मोहब्बत झूठी है तुम्हे समझाता होगा

तेरे दिल में मेरी जगह लेने की खातिर
रोज तुम्हे नए ख्वाब दिखाता होगा
वो कहता होगा मै
काबिल नहीं तेरी मोहब्बत के
मै शक्स ही गन्दा हूँ
हर शय ये बतलाता होगा
तेरे दिल में मेरी जगह लेने की खातिर
तेरे जज्बातो को अपना हथियार बनाता होगा
हमारे दरम्या ये जो फासले है
इनका फायदा वो अक्सर उठा जाता होगा

शायद वो कहता होगा वो मोहब्बत का जजीरा है
तुम डूब जाओ इस जजीरे में
तुम्हे झूठे ख्वाब दिखाता होगा

तुम्हारे जिस्म से खेलने के मानिंद
रोज खुद भी नए ख्वाब सजाता होगा

वो कहता होगा मुझको मोहब्बत नहीं है तुमसे
तुम्हे अश्को में डुबोकर चालाकियाँ आजमाता होगा
मिलने को तुमसे अकेले में
अक्सर वो बुलाता होगा
जब झिझकती होगी तुम इस बात पर
वो गुस्सा दिखता होगा
रूठ जाता होगा
ये वाकया गुस्सा तुम्हारा
मेरे लिए और बढ़ाता होगा
तुम पूछती होगी खुद से
क्यों दिल तोड़ रही उसका
जो तुमको मोहब्बत दिखा रहा है
हर ख़ुशी तुम्हारे करीब ला रहा है

देखो तुम ऐतबार न करना
मेरे अलावा किसी से प्यार न करना
मुझे तुम्हारे जिस्म की जरुरत नहीं
तुम्हारे साथ के सिवा कोई और ख्वाइश नहीं

मै जनता हूँ दूरियों ने
मोहब्बत को दरबदर कर दिया है
एक गलत फहमी ने जिंदगी में
बड़ा तूफ़ान ला दिया है
पर देखो न मोहब्बत जिन्दा है
हम जुदा होने पे शर्मिंदा है

मै आज भी तुम्हारे खयालो में हूँ
तुम्हारी सबसे कीमती अमानो में हूँ
इस अमानत को लुटा मत देना
मेरा प्यार भुला मत देना

हो सकता है वो बहकाए
की तुम्हे समझाए
हमारे साथ गुजरे पलो को
वो तुम्हारे साथ हुवा धोखा बताये
वो बतलाये की वो कितना अच्छा है |
 मै बुरा हूँ ये महसूस कराये
तुम भी मेरी बुरी यादो को जहन में उतारकर
उसकी बातो पर यकीं कर बैठो
ऐसा न हो उसके फरेब में फसकर
सच्ची मोहब्बत उसे दे बैठो

ये वक़्त जो दर्द का है हमारे दरम्यान
एक दिन ये वक़्त बीत जायेगा
मेरे तुम्हारे बीच नफरतों का पुल
प्यार के दरिया में जमींदोज जो जायेगा

एक दिन सच्ची मोहब्बत के सामने
वो शख्स हार जायेगा
बहोत पछतायेगा

8

जुदाई

कभी वक़्त मिले तो आना
और देखकर जाना
तुम्हारी यादों के करवा को
किताबो के ढेर ने ढक लिया है
इन्होने मेरे बेड के चारो तरफ
अपना घर बना लिया है

इन्होने बड़ी कोशिशे की है
निकालने की मुझको
दर्द ए तन्हाई से
तुम्हारी जुदाई से

अब ये किताबें मुझसे बाते करती है
तुम्हारी कमी मिटाने की कोशिश करती है
ये चाहती है मै भूल जाऊ गुजरा कल
मुझे खुश रहने का हौसला देती है

इन किताबो के दरम्यान
मेरी एक पसंदीदा किताब है
ये पुरानी बहुत है

पर इसका किस्सा लाजवाब है
इसके 76 से 77 नम्बर पन्ने के बीच
तुम्हारा गुलाब आज भी जिन्दा है
लगता है जैसे आज भी तुम्हारा प्यार
मुझे पाने को दुनिया से लड़ रहा है
इन गुलाबो की खुशबू शामिल है
मेरी हर सांस में
जैसे छोड़ा था तुमने प्यार का निशा
मेरे हर ख्वाब में
मै चाह कर भी इस निशानी को
मिटा नहीं पाया
हज़ार कोशिशे की मगर
तुम्हे भुला नहीं पाया
आज भी इस किताब के तीसरे पन्ने पर
तुम्हारा पुराना फ़ोन नंबर लिखा है
तुम्हे याद है ना इसी नंबर ने हमे मिलाया था
हमारे प्यार को अंजाम तक पहुंचाया था
हालांकि अब ये नंबर बंद हो चुका है
तुम्हारा प्यार भी गैर का हो चुका है
पर ये मोहब्बत कम नहीं हुई है
अब भी धीरे धीरे और बढ़ रही है
आज भी तेरी यादो में रात भर तड़पता हूँ
शायद तुम मुड़ो ये सोचकर जी रहा हूँ

९

पुरानी यादो की थकन

सालो बाद जब वो मुझसे मिलने आया
तो मैंने पाया
उसका हसी चेहरा बदरंग हो चुका है
चेहरे पे झुर्रियों ने घर बना लिया है
उसकी मदमस्त चाल सुस्त हो चली है
उसकी सुर्ख आँखे मानो रो रही है

यही वो शक्स था जिसने
जिंदगी भर मुझे रुलाया था
कभी पूछा नहीं हाल ऐ दिल
बस दर्द दिया और सताया था
यही वो शक्स था जो कहता था
हजारो मिलेंगे तेरे जैसे
यही वो शक्स था जिसने हज़ारो के लिए
मुझे ठुकराया था

ये वो था जिसके पीछे
मोहल्ले का हर लड़का दीवाना था
जो भी हो ये मेरी किस्मत थी
वो चंद घड़ी साथ चला तो था

फिर थाम लिया था उसने रकीब का हाथ
सुना है रकीब बड़ा पैसे वाला था
यही वो शक्स था जिसके अश्क़
मेरे दिल को धड़कन से जुड़ा कर देते थे
यही तो शक्स था जिसने
मेरी गरीबी का मज़ाक उड़ाया था

यही तो था जो कहता था
मै जिसे चाहू वो मेरा होगा
कि मेरा हर सपना तमन्ना ए दौलत
एक रोज जरूर पूरा होगा

मै परेशां मोहब्बत में उसे बाँधने चला था
दे के वास्ता सच्ची मोहब्बत का
पैरो पर गिड़गिड़ा रहा था
मुझे याद है वो वक़्त
जब उसकी डोली हुयी रुक्सत
उसके लबो पर हसी आखो में ख़ुशी का घेरा था
मुझे देख कर वो अपनी किस्मत पर इतरा रहा था
लग रहा था मानो जीता हो उसने जहां सारा
मुझे जख्म देकर उसे न जाने क्या मज़ा आ रहा था

पर दुनिया की रिवायत है
ये आगे बढ़ती रहती है
की महबूब के बिछड़ जाने से
आशिक़ मर नहीं जाता

अब वो आया है मुझे आगे की कहानी सुनाने
रकीब के जुल्मो की जुबानी बताने
बताने कि उसकी कोई गलती नहीं थी
वो तो ये मजबूरी मे कर रही थी

फिर फरेब का जाल बिछाएगी वो
फिर प्यार के पंछी को फसायेगी वो
अब उसकी आवाज का जादू खो चूका है
मेरे लिए उसका प्यार जहर हो चूका है

अब कोई रवायत ये झुठला नहीं सकती
तुम वफादार हो ये समझा नहीं सकती
तूने जो बदले है किरदार कपड़ो की तरह
भुला दिये अपने वादे नशेदार की तरह

अब तेरे अश्को में दिल नहीं डूबेगा
ये झूठ हरशय लबो से निकलेगा
तुम शामिल नहीं हो मेरी याद में
नहीं आती हो हर रोज ख्वाबो में
मैंने तुमसे कभी मोहब्बत की ही नहीं
न कभी रही तुम मेरे जज्बातो में

ये सुनकर टूट जाओगी तो पाओगी
तुमने बेवफाई नहीं गुनाह किया था
समझदारी में एक नासमझ फैसला लिया था

अब वक़्त मुझे बदल चुका है
पहले जैसे कुछ बाकी नहीं रहा है
जुल्मो सितम की जिंदगी तुम्हे यु ही काटनी है

मेरा प्यार मर चूका है
मेरा प्यार मर चूका है |

10

दर्द

देखो न तुम्हारे प्यार में
जिस दरख़्त पर मैंने दिल खुरचा था
उस दिल के सीने में
तेरा नाम अपने नाम से जोड़ा था
आज उसी दिल पर लहू उतर आया है
उस दरख़्त ने कुछ कहा और बड़ा रुलाया है
तुम कहां थे इतने साल तेरा साथी कहां है
तुम बताते क्यों नहीं प्यार जिन्दा है या मर गया है
देखो न तुम दोनों का नाम
आज भी मेरे सीने में जिन्दा है
लगता था मुझको यह प्यार
कई सदियों का सिलसिला है

मैंने कुछ नहीं कहा चुपचाप चला आया
मेरे होंठो पर तेरी कसम तेरा नाम नहीं लाया
आखो में अश्क़ जमकर पलकों में जम चुके है
बिछड़ के तुझसे मुझको कई साल हो चुके है

ए काश! तूने मेरा इंतज़ार किया होता
ख़ुदकुशी करने का फैसला ना लिया होता

मै जीत जाता सबसे
मै जीत लेता तुमको
अब कब्र में पड़ा हूँ
जुदाई में रो रहा हूँ

11

वादा ए मुहब्बत

तेरी गली से जब वापस
मै मुड़ा तो ये ख्याल आया
एक दिल था सीने में जो
तेरी सरहद न लाँघ पाया

वादा लिया है मुझसे
मुड़ कर न देखु तुमको
मै भूल जाऊ वो सब
जो तूने कभी कहा है
तेरी मुस्कुराहटो के जानिब
मै आग में जलूँगा
करता हूँ वादा तुमसे
पीछे नहीं मुड़ूँगा
यादो के सर्द मौसम
मेरी रूह से लड़ेंगे
तेरी गली जाने की ये
जिद्द बहोत करेंगे
ये दर्द की जंजीरे
जकड़ी है पाओं में जो
मेरी सासे गर मेरे बदन से

राब्ता तोड़ दे जो
एक गुजारिश है मेरी कब्र पर
आंसू नहीं बहाना
हंस के आना जनाजे पे
और हंस के लौट जाना

ऐसा न हो तुम्हे रोता देख न पाउ
कि खुदा के घर से लौट आउ
वादा फरोश कहलाऊ

12

मरहला

अक्सर मै रातों को चौंककर उठ जाता हूँ
जब याद आता है तेरी रातो का सिलसिला
किसी गैर की बाहों में

हो जाता हूँ खुद शर्मिंदा मै अपने आप से
एक हकीक़त है जिसने उम्र भर की नींदे चुरा रखी है

ये जो निशान है न जख्म के मेरी पीठ पर
ये निशानिया है तेरे चाहने वालो की मेरे वजूद पर

कभी बैठ मेरे पास में कि उम्र भर की थकन मिटे
इन जख्मी पैरो को मेरे एक पल का तो आराम हो
आ जाए तेरे आगोश में एक नींद लम्बी सी मुझे
मेरा वादा है इसके बाद में
बिछड़ जाऊँगा मै हर हाल में

फिर खुदा के घर हमारा मिलना होगा
अरे सुनती हो वह न कोई बहाना होगा
वफ़ा है या बेवफाई तुम्हे बताना होगा

ऐ खुदा तू मुझपे एक रहमत कर दे
इस बेवफा का प्यार मुझे मुक्कमल कर दे

13

चुप्पी

ये हॅसने बोलने वाला लड़का
चुप हो जाए अचानक
समझ लेना कोई दर्द है
जो छुपा रहा है
कहना तो बहोत कुछ है
पर कह नहीं पा रहा है
उसे कैसे परेशान किया गया है
कैसे वो जीत के हारा है
कैसे किसी बेवफा ने उसकी मुस्कुराहटो को
पहले इस्तेमाल किया
फिर मारा है

कई किस्से है इस जहां में
न कहे गए न सुने गए
की मोहब्बत मरने के बाद भी
महबूब को बदनाम नहीं करती

14

शुक्रिया

मेरे हिस्से में जो आया तेरी यादो का करवा
लगता है मिल गयी है उम्र भर की एक सजा
यु तो नहीं की दिल में दस्तक न दी किसी ने
पर दिल के दरवाजे पे बैठा है
तुम्हारा प्यार पहरेदार

मै किसको बुलाऊ, मै किसको बताऊ, मै किसको सुनाऊ
एक शोर जो अंदर है, उसे कैसे दबाऊ
हालत ए इश्क़ कैसे रुसवा कर गया मुझे
क्या क्या किया गया है साथ में मेरे

मेरे हक़ में न खड़ा था कोई काजी कोई मांजी
मेरा रकीब लिख रहा था मेरा फैसला आखरी
मेरे मुंसिफ ने दी सजा, दर्द जख्म बेवफाई की
मुझे इस सजा का हकदार बनाने का शुक्रिया
तेरा पैगाम ऐ बेवफाई भिजवाने का शुक्रिया

मुझको मोहब्बत के हंसी ख्वाब दिखने का शुक्रिया
मेरी जिंदगी को रंगीन बनाने का शुक्रिया
एक दौर जो गुजरा तेरे गमो में मशगूल
मै क्या हूँ! मुझको बताने का शुक्रिया

तेरे दर से जो हारा, हारा तो नहीं मै
तेरी नफरतो को मेरा जुनूँ बनाने का शुक्रिया

कह दे जो तू फ़क़त ये दुनिया छोड़ जाऊ मै
तेरे साथ गुजरी तस्वीरो को भी तोड़ जाऊ मै
कह दूँ मै सारे जहाँ से की मोहब्बत नहीं है तुमसे
तू कह तो एक बार सब कुछ हार जाऊ मै
तेरे साथ जो गुजरी है जिंदगानी मेरी
अरे यही तो है परेशानी मेरी
तेरे साथ जो गुजारी है उन रातो का शुक्रिया
अहसान ए मोहब्बत निभाने का शुक्रिया

जिंदगानी जिस कदर मेरी बर्बाद तूने की
हर हर्फ़ बेवफाई की सौगात तूने दी
मेरी बददुवा है तालीम हो तुझे दुनिया की हर ख़ुशी
दौलतो अमान से भर जाए जिंदगी तेरी
मेरी वाद ए सबा में जो शामिल है तेरा नाम
तेरी बेवफाई की हर वफ़ा का शुक्रिया

एक दौर जो गुजरा है तेरे गमो में मशगूल
एक लम्हा मोहब्बत का जो ठहरा है इस तरह
एक बात है जो मै तुमसे कभी कह नहीं पाया
मुझे तुमसे मोहब्बत है
बेपनाह मोहब्बत है
कभी जो याद मुझको करके
पलके नम हो जो तेरी
तो देखना तू मुड़ के
कि वही खड़ा हूँ मै

मै ढलता सूरज हूँ ढल जाऊँगा
फिर किसी रोज कही और निकल आऊंगा
तुम मेरे ढलने का मातम नहीं मनाना
एक गुजारिश है मेरी तरह टूट के
तुम मोहब्बत नहीं निभाना
कभी नहीं निभाना

ये जो तेरा दर्द है ना
बैठा रहता है मेरे सिराहने पर
सदियों की थकन आखो में लिए
अक्सर आ जाता है, मेरी जुबान पर
फिर कलम उठती है, दर्द जगता है
अहसासों का सिलसिला
कुछ यु शुरू होता है
दिल के जख्म हाथो से होकर
पन्नो पे उतर आते है
सच कहु तो ये लफ्ज
बड़ी तकलीफ दे जाते है
और ये तकलीफ हाथो के जख्मी होने तक
काम नहीं होती
वास्ता तेरा मेरा
तेरा न होने का वजूद
आता है जाता है सिराहने ठहर जाता है

तूने जो दिया है उन खताओं का शुक्रिया
मुझे लफ्ज ए मुसाफिर बनाने का शुक्रिया

जुनून ए मुहब्बत

हो सकता है की एक दिन
दूरिया कम हो जाए हमारी
हो सकता है किसी किनारे पर
हमारी मुलाकात हो
कुछ बात हो

तुम वो गहरे लाल रंग की साड़ी
पहनकर आना
मुझे बताना
मेरी किस बात से परेशान थी तुम
किस बात ने रुलाया है
मेरे बिना अपने जीवन में
तूने क्या खोया, क्या पाया है
क्या तुम्हारी गुलाबी हसी में
आज भी मेरा चेहरा शामिल है
या आज भी तेरी मुस्कुराहटो पर
अजनबी गम का साया है
दुनिया की रस्मो रिवाजो में

बिछड़ जाए न हम परवाज़ो में
कि तुम कह देना ज़माने से
तुम्हे मुझसे मोहब्बत है
मुझे तुमसे मोहब्बत है

16

एहतराम ए मोहब्बत

एक रात जो एक ख्वाब मेरे जहन में आया
कई सदियों तक है उसने मुझे खूब रुलाया
देखा था उसका हाथ किसी गैर की बांहो में
मै था उसी महफ़िल में मगर
कुछ कर नहीं पाया

एक वाकया है जो मुझे
अक्सर परेशां कर जाता है
छोड़ने वाले को क्या फिर कभी
महबूब याद आता है?
क्यों मोहब्बत की हर कहानी
अधूरी रह जाती है
दिल तड़पता है जुदाई में
मगर मिल नहीं पाता है
क्यों पैरो की चुभन लिए आशिक़
चलता है ठहरता है फिर चलता है
और मर जाता है
मेरी सुनो तो ऐतबार न करना
कभी किसी से प्यार न करना
मैंने सुना है इस जलजले को
कोई पार नहीं पाता है